The Magic Sheep And Other Bilingual French-English Stories for Kids

Pomme Bilingual

Published by Pomme Bilingual, 2024.

While every precaution has been taken in the preparation of this book, the publisher assumes no responsibility for errors or omissions, or for damages resulting from the use of the information contained herein.

THE MAGIC SHEEP AND OTHER BILINGUAL FRENCH-ENGLISH STORIES FOR KIDS

First edition. August 19, 2024.

Copyright © 2024 Pomme Bilingual.

ISBN: 979-8227156150

Written by Pomme Bilingual.

Table of Contents

La Promesse

Dans une vallée verte, cachée au pied d'une colline, se trouvait un petit village où les habitants avaient tous une passion commune : les petits pois. Chaque jardin était rempli de longues rangées de plants de petits pois, et chaque famille prenait grand soin de ces précieuses petites graines vertes. Mais ce n'était pas seulement pour leur goût sucré qu'ils les chérissaient ; les petits pois avaient une importance bien plus grande dans ce village.

Tous les ans, au début du printemps, les villageois se réunissaient sur la place centrale pour planter ensemble les premières graines de petits pois de la saison. C'était un moment solennel, où chacun murmurait une promesse spéciale en déposant les graines dans la terre : une promesse de gentillesse, de patience, ou de courage. Et comme par magie, ces promesses semblaient grandir avec les plants, les remplissant de vigueur.

Le vieux Monsieur Cerfeuil était le plus sage de tous les villageois. Il avait vu plus de saisons que n'importe qui d'autre, et il connaissait chaque secret des petits pois. Un matin, alors que le soleil commençait à peine à réchauffer le sol, Monsieur Cerfeuil invita tous les enfants du village dans son jardin. Ils étaient une dizaine, avec des yeux pétillants de curiosité et d'anticipation.

« Je vais vous confier un secret », dit-il en souriant. « Les petits pois que nous plantons ne grandissent pas seulement grâce à l'eau et au soleil. Ils grandissent aussi grâce aux promesses que nous leur faisons. Chaque fois que vous prenez soin d'eux, vous devez vous souvenir de votre promesse, et elle deviendra plus forte. »

Les enfants écoutaient attentivement, captivés par ses paroles. Puis, Monsieur Cerfeuil leur distribua à chacun une petite poignée de graines. « Rentrez chez vous et plantez ces graines avec soin. Et n'oubliez pas de faire une promesse. »

Les jours passèrent, et les enfants, fidèles à leurs promesses, prenaient soin de leurs petits pois. Pierre avait promis de partager ses jouets avec sa petite sœur, et chaque matin, il arrosait ses plants en pensant à cette promesse. Camille, elle, avait promis de ne plus avoir peur du noir, et chaque soir, elle vérifiait les pousses en se rappelant sa promesse. Les plants de petits pois grandissaient rapidement, leurs feuilles devenaient d'un vert éclatant, et les promesses dans le cœur des enfants devenaient de plus en plus solides.

Un jour, alors que les plantes étaient en fleurs, une tempête soudaine s'abattit sur le village. Le vent soufflait si fort que les maisons tremblaient, et la pluie tombait à torrents. Les villageois étaient inquiets pour leurs jardins, mais ils savaient qu'ils avaient fait tout leur possible pour protéger les plants.

Le lendemain, le soleil brillait de nouveau, et les villageois se précipitèrent dehors pour voir les dégâts. À leur grande surprise, les plants de petits pois étaient toujours debout, les feuilles encore scintillantes de rosée. Les promesses avaient tenu bon.

Monsieur Cerfeuil rassembla les enfants. « Vous voyez, mes petits amis, les promesses sont comme ces plants de petits pois.

Si vous les nourrissez avec amour et soin, elles deviendront fortes et pourront résister à toutes les tempêtes. »

Et c'est ainsi que, chaque année, les enfants du village continuaient de planter des petits pois avec des promesses dans leurs cœurs. Et chaque année, les plants devenaient plus robustes, tout comme les enfants qui les avaient plantés.

The Promise

In a green valley, nestled at the foot of a hill, there was a small village where the inhabitants all shared a common passion: peas. Every garden was filled with long rows of pea plants, and every family took great care of these precious little green seeds. But it wasn't just for their sweet taste that they cherished them; peas held a much greater importance in this village.

Every year, at the beginning of spring, the villagers gathered in the central square to plant the first pea seeds of the season together. It was a solemn moment when each person whispered a special promise while placing the seeds in the ground: a promise of kindness, patience, or courage. And as if by magic, these promises seemed to grow with the plants, filling them with strength.

Old Mr. Chervil was the wisest of all the villagers. He had seen more seasons than anyone else, and he knew every secret of the peas. One morning, as the sun began to warm the ground, Mr. Chervil invited all the children of the village to his garden. There were about ten of them, with eyes sparkling with curiosity and anticipation.

"I'm going to share a secret with you," he said with a smile. "The peas we plant don't just grow because of water and sunshine. They grow because of the promises we make to them. Every time you care for them, you must remember your promise, and it will become stronger."

The children listened carefully, captivated by his words. Then, Mr. Chervil handed each of them a small handful of seeds. "Go home and plant these seeds with care. And don't forget to make a promise."

Days passed, and the children, true to their promises, took care of their peas. Pierre had promised to share his toys with his little sister, and every morning, he watered his plants, thinking of that promise. Camille, on the other hand, had promised not to be afraid of the dark anymore, and every evening, she checked the sprouts, remembering her promise. The pea plants grew quickly, their leaves becoming a bright green, and the promises in the children's hearts grew stronger and stronger.

One day, when the plants were in bloom, a sudden storm hit the village. The wind blew so hard that the houses shook, and rain poured down in torrents. The villagers were worried about their gardens, but they knew they had done everything they could to protect the plants.

The next day, the sun shone again, and the villagers rushed outside to see the damage. To their great surprise, the pea plants were still standing, their leaves still sparkling with dew. The promises had held firm.

Mr. Chervil gathered the children. "You see, my little friends, promises are like these pea plants. If you nurture them with love and care, they will grow strong and can withstand any storm."

And so it was that every year, the village children continued to plant peas with promises in their hearts. And every year, the plants grew stronger, just like the children who had planted them.

La Forêt des Quatre Saisons

Dans une vaste forêt, où les arbres touchaient presque le ciel et où les rivières chantaient doucement, vivaient quatre amis inséparables : Hugo le hérisson, Margot la souris, Barnabé le blaireau, et Léon la grenouille. Cette forêt était magique, car elle avait la particularité de vivre les quatre saisons en même temps. À l'est, c'était toujours le printemps, avec des fleurs éclatantes et des chants d'oiseaux ; au sud, l'été régnait avec son soleil chaud et ses rivières étincelantes ; à l'ouest, l'automne peignait le paysage de feuilles dorées et de fruits mûrs ; et au nord, l'hiver soufflait son vent froid et recouvrait tout d'une neige blanche et épaisse.

Chacun des amis avait son coin préféré dans la forêt. Hugo adorait le printemps pour ses fleurs colorées et son herbe douce, où il pouvait se rouler en boule. Margot préférait l'été, où elle trouvait toujours des baies juteuses et où le soleil réchauffait ses petites pattes. Barnabé aimait l'automne, surtout pour les noix et les champignons qu'il pouvait ramasser et stocker dans sa tanière. Quant à Léon, il aimait l'hiver plus que tout, car la neige lui permettait de glisser sur les étangs gelés.

Un jour, les quatre amis se réunirent sous le grand chêne au centre de la forêt. C'était un endroit spécial, car d'ici, on pouvait voir les quatre saisons à la fois. Hugo s'étira et dit : « Ne serait-il pas merveilleux de faire un voyage à travers toutes les saisons ensemble ? Nous pourrions découvrir ce que chacune a de meilleur à offrir, et peut-être même apprendre quelque chose de nouveau. »

« Oui ! » s'écria Margot, ses yeux brillants d'excitation. « Je voudrais tellement montrer à Léon les beaux fruits de l'été ! »

« Et moi, je veux ramasser des champignons en automne avec Hugo, » ajouta Barnabé en souriant.

« Je suis d'accord, » dit Léon en sautillant. « Et je vais vous apprendre à faire des bonhommes de neige en hiver ! »

Ainsi, les quatre amis décidèrent de commencer leur aventure. Ils se dirigèrent d'abord vers le printemps, où Hugo était le guide. Il leur montra les premières fleurs qui perçaient le sol encore humide, les insectes qui bourdonnaient de vie, et les jeunes oiseaux qui chantaient joyeusement dans les arbres. « Le printemps est la saison du renouveau, » expliqua Hugo. « C'est le moment où tout commence à revivre. »

Les autres amis furent émerveillés par les couleurs et les sons du printemps. Margot cueillit un bouquet de fleurs sauvages, Barnabé observa attentivement les insectes qui travaillaient dur, et Léon essaya d'imiter le chant des oiseaux, ce qui fit beaucoup rire ses amis.

Après avoir passé quelques jours dans le printemps, ils continuèrent leur voyage vers l'été. Margot prit la tête du groupe cette fois. Elle leur montra où trouver les meilleures baies, comment éviter les épines des ronces, et les conduisit jusqu'à une petite clairière où le soleil était si chaud qu'ils se reposèrent tous sous l'ombre d'un grand arbre. « L'été est la saison de l'abondance, » dit Margot. « C'est le moment de profiter de tout ce que la nature nous offre. »

Barnabé et Léon goûtèrent les baies sucrées avec délice, tandis que Hugo se prélassait sous le soleil, appréciant la chaleur qui réchauffait son dos. Ils jouèrent aussi dans les rivières fraîches, où Léon montra ses talents de nageur, plongeant et éclaboussant ses amis avec un grand sourire.

Puis vint le moment de découvrir l'automne. Barnabé les guida à travers les bois dorés, où les feuilles crissaient sous leurs pattes. Il leur montra comment reconnaître les champignons comestibles et les meilleures cachettes pour stocker les provisions pour l'hiver. « L'automne est la saison des récoltes, » expliqua Barnabé. « C'est le moment de préparer ce dont nous aurons besoin pour les temps plus froids. »

Les amis ramassèrent des noix, des glands, et d'autres trésors de la forêt. Hugo s'amusa à créer des petits tas de feuilles que Margot adorait sauter, tandis que Léon, pour la première fois, découvrit le plaisir de ramasser des châtaignes. Ils se réchauffèrent aussi autour d'un petit feu de camp que Barnabé avait préparé, partageant les fruits de leurs récoltes.

Enfin, ils se dirigèrent vers l'hiver, où Léon était le guide. L'air devint froid, et la neige commença à tomber doucement. Léon montra à ses amis comment faire des bonhommes de neige, et ils se lancèrent dans une bataille de boules de neige qui les fit rire aux éclats. « L'hiver est la saison du repos, » dit Léon. « C'est le moment de ralentir, de réfléchir, et de se rappeler les moments précieux passés ensemble. »

Ils construisirent ensemble un abri de neige, où ils passèrent la nuit, blottis les uns contre les autres pour se réchauffer. Les étoiles scintillaient dans le ciel clair, et tout autour d'eux, la forêt était silencieuse, comme endormie sous son manteau blanc.

Après avoir traversé les quatre saisons, les amis retournèrent sous le grand chêne. Ils étaient fatigués mais heureux. « Nous avons découvert tant de choses merveilleuses, » dit Hugo en souriant. « Mais le plus important, c'est que nous l'avons fait ensemble. »

« Oui, » répondit Margot. « Chaque saison est spéciale à sa manière, mais c'est notre amitié qui les rend encore plus belles. »

Barnabé hocha la tête. « Je suis content d'avoir partagé ces moments avec vous. Maintenant, nous avons des souvenirs pour chaque saison. »

Léon ajouta, « Et nous savons maintenant que peu importe la saison, tant que nous sommes ensemble, nous serons toujours heureux. »

Et ainsi, les quatre amis décidèrent que chaque année, ils referaient ce voyage à travers les saisons, pour redécouvrir les merveilles de leur forêt et renforcer encore davantage leur amitié.

The Forest of Four Seasons

In a vast forest, where the trees nearly touched the sky and the rivers sang softly, lived four inseparable friends: Hugo the hedgehog, Margot the mouse, Barnabé the badger, and Léon the frog. This forest was magical because it experienced all four seasons at the same time. To the east, it was always spring, with bright flowers and singing birds; to the south, summer reigned with its warm sun and sparkling rivers; to the west, autumn painted the landscape with golden leaves and ripe fruits; and to the north, winter blew its cold wind and covered everything with thick, white snow.

Each of the friends had a favorite part of the forest. Hugo loved spring for its colorful flowers and soft grass, where he could roll up into a ball. Margot preferred summer, where she always found juicy berries and where the sun warmed her little paws. Barnabé loved autumn, especially for the nuts and mushrooms he could gather and store in his den. As for Léon, he loved winter most of all, because the snow allowed him to slide on the frozen ponds.

One day, the four friends gathered under the great oak tree in the center of the forest. It was a special place because from here, one could see all four seasons at once. Hugo stretched and said, "Wouldn't it be wonderful to take a journey through all the seasons together? We could discover what each one has to offer and maybe even learn something new."

"Yes!" exclaimed Margot, her eyes shining with excitement. "I would love to show Léon the beautiful fruits of summer!"

"And I want to gather mushrooms in autumn with Hugo," added Barnabé with a smile.

"I agree," said Léon, hopping up and down. "And I'll teach you how to build snowmen in winter!"

So, the four friends decided to begin their adventure. They first headed toward spring, where Hugo was the guide. He showed them the first flowers pushing through the still damp ground, the insects buzzing with life, and the young birds singing joyfully in the trees. "Spring is the season of renewal," Hugo explained. "It's the time when everything starts to come alive again."

The other friends were amazed by the colors and sounds of spring. Margot picked a bouquet of wildflowers, Barnabé carefully observed the hardworking insects, and Léon tried to imitate the birds' songs, which made his friends laugh a lot.

After spending a few days in spring, they continued their journey to summer. This time, Margot led the group. She showed them where to find the best berries, how to avoid the thorns of the brambles, and led them to a small clearing where the sun was so warm that they all rested under the shade of a large tree. "Summer is the season of abundance," said Margot. "It's the time to enjoy everything nature offers us."

Barnabé and Léon tasted the sweet berries with delight, while Hugo basked under the sun, enjoying the warmth on his back. They also played in the cool rivers, where Léon showed off his swimming skills, diving and splashing his friends with a big smile.

Then it was time to discover autumn. Barnabé guided them through the golden woods, where the leaves crunched under their paws. He showed them how to recognize edible mushrooms and the best hiding spots to store provisions for winter. "Autumn is the season of harvest," explained Barnabé. "It's the time to prepare what we'll need for the colder days."

The friends gathered nuts, acorns, and other forest treasures. Hugo had fun making small piles of leaves that Margot loved to jump into, while Léon, for the first time, discovered the joy of collecting chestnuts. They also warmed themselves around a small campfire that Barnabé had prepared, sharing the fruits of their harvest.

Finally, they headed toward winter, where Léon was the guide. The air grew cold, and the snow began to fall gently. Léon showed his friends how to build snowmen, and they engaged in a snowball fight that made them laugh heartily. "Winter is the season of rest," said Léon. "It's the time to slow down, reflect, and remember the precious moments spent together."

Together, they built a snow shelter where they spent the night, huddled close to keep warm. The stars twinkled in the clear sky, and all around them, the forest was silent, as if asleep under its white blanket.

After traveling through the four seasons, the friends returned to the great oak tree. They were tired but happy. "We discovered so many wonderful things," said Hugo with a smile. "But the most important thing is that we did it together."

"Yes," replied Margot. "Each season is special in its own way, but it's our friendship that makes them even more beautiful."

Barnabé nodded. "I'm glad I shared these moments with you. Now we have memories for every season."

Léon added, "And now we know that no matter the season, as long as we're together, we'll always be happy."

And so, the four friends decided that every year, they would take this journey through the seasons again, to rediscover the wonders of their forest and further strengthen their friendship.

La Maison des Nuages

Dans un village perché sur une colline, tout près du ciel, il y avait une petite maison blanche. Cette maison était particulière, car elle semblait toujours être entourée de nuages. Les habitants du village l'appelaient « La Maison des Nuages ». Elle appartenait à une vieille dame nommée Mamie Brume, une dame gentille et mystérieuse qui adorait raconter des histoires aux enfants.

Mamie Brume avait un jardin plein de fleurs étranges qui semblaient danser dans le vent. Chaque matin, elle sortait sur sa véranda, un sourire aux lèvres, et attendait que les enfants du village viennent l'écouter. Et chaque jour, ils arrivaient en courant, curieux de savoir quelle nouvelle histoire elle allait raconter.

Un jour, après une longue promenade à travers les champs, un groupe de cinq enfants arriva devant la maison. Il y avait Lucie, la plus curieuse, Paul, le rêveur, Léo, le petit gourmand, Sophie, toujours prête à poser des questions, et enfin Jules, le plus petit mais aussi le plus courageux.

« Bonjour, Mamie Brume ! » s'exclamèrent-ils en chœur.

« Bonjour, mes petits nuages, » répondit-elle en riant doucement. « Aujourd'hui, je vais vous raconter une histoire très spéciale, celle de la Maison des Nuages. »

Les enfants s'assirent en cercle autour d'elle, impatients de l'entendre.

« Il y a très longtemps, » commença Mamie Brume, « avant que cette maison ne soit ici, il n'y avait rien d'autre que des collines et des champs. Un jour, une petite fille nommée Claire est arrivée dans ce village. Elle était différente de tous les autres enfants car elle avait un secret : elle pouvait parler aux nuages. »

Les enfants écoutaient attentivement, fascinés par cette révélation.

« Claire était souvent seule, car les autres enfants ne comprenaient pas son amour pour le ciel. Elle passait des heures allongée dans l'herbe, à regarder les nuages flotter au-dessus d'elle, et elle leur parlait. "Bonjour, Nuage Coton," disait-elle. "Que fais-tu aujourd'hui ?" Et le nuage lui répondait en changeant de forme, se transformant en animaux ou en montagnes pour la divertir. »

Mamie Brume fit une pause pour observer les visages émerveillés des enfants. Puis elle continua : « Un jour, alors qu'elle parlait à un grand nuage gris, Claire lui demanda pourquoi il semblait si triste. Le nuage lui expliqua qu'il devait partir loin, au-delà des montagnes, et qu'il ne savait pas s'il reviendrait. Claire ne voulait pas perdre son ami nuageux, alors elle lui fit une proposition : "Pourquoi ne construisons-nous pas une maison ensemble, ici, où tu pourrais rester à jamais ?" Le nuage, touché par l'idée, accepta. »

« Comment ont-ils construit une maison ? » demanda Sophie, intriguée.

Mamie Brume sourit. « Claire a commencé à rassembler tout ce qu'elle trouvait : des branches pour les murs, des fleurs pour les fenêtres, et même de la rosée pour les rendre brillantes. Mais le plus important était ce que le nuage apportait. Il soufflait doucement, remplissant la structure de brume et de coton, jusqu'à ce que la maison prenne forme. C'était une maison comme aucune autre, légère comme l'air et douce comme un rêve. »

« Est-ce que la maison a vraiment volé ? » demanda Léo, les yeux écarquillés.

« Pas exactement, » répondit Mamie Brume en riant. « Mais elle semblait flotter au-dessus de la colline, enveloppée de nuages. Les autres villageois furent d'abord surpris, puis émerveillés. Et petit à petit, ils vinrent voir la maison, chacun apportant quelque chose pour l'embellir. Des fleurs, des pierres précieuses, et même des graines magiques qui faisaient pousser des plantes grimpantes jusque dans les nuages. »

« Et Claire, elle était heureuse ? » demanda Paul, toujours rêveur.

« Oh oui, » dit Mamie Brume en hochant la tête. « Claire avait enfin trouvé un endroit où elle se sentait chez elle, entourée de ses amis nuages. Elle y vivait paisiblement, et chaque soir, elle racontait des histoires aux enfants du village, des histoires que les nuages lui murmuraient à l'oreille. »

Les enfants étaient captivés. Jules, le plus petit, leva la main et demanda : « Et la maison, elle est toujours là ? »

Mamie Brume sourit mystérieusement. « Qui sait ? Peut-être que cette maison est juste ici, sous nos yeux, mais que seuls ceux qui croient aux nuages peuvent la voir. Peut-être même que cette maison, c'est celle où nous sommes assis maintenant. »

Les enfants regardèrent autour d'eux, la maison de Mamie Brume leur semblant tout d'un coup encore plus magique.

« Alors, Mamie Brume, est-ce que nous aussi, on pourrait parler aux nuages ? » demanda Lucie.

« Bien sûr, mes petits nuages, » répondit-elle en riant. « Il suffit de croire, d'écouter avec votre cœur, et d'aimer le ciel autant que Claire l'aimait. »

Ce soir-là, en rentrant chez eux, les enfants passèrent un long moment à regarder les nuages, espérant entendre leur murmure. Ils savaient que, tant qu'ils croiraient en la magie des nuages, ils trouveraient toujours un ami dans le ciel, prêt à partager ses secrets avec eux.

Et depuis ce jour, la Maison des Nuages resta un lieu de mystère et de rêves, un endroit où l'imagination des enfants pouvait s'envoler aussi haut que les nuages eux-mêmes.

The House of Clouds

In a village perched on a hill, very close to the sky, there was a little white house. This house was special because it always seemed to be surrounded by clouds. The villagers called it "The House of Clouds." It belonged to an old lady named Granny Mist, a kind and mysterious woman who loved to tell stories to children.

Granny Mist had a garden full of strange flowers that seemed to dance in the wind. Every morning, she would sit on her porch, a smile on her face, waiting for the village children to come and listen to her. And every day, they would come running, eager to hear what new story she had to tell.

One day, after a long walk through the fields, a group of five children arrived in front of the house. There was Lucie, the most curious, Paul, the dreamer, Leo, the little foodie, Sophie, always ready to ask questions, and finally Jules, the smallest but also the bravest.

"Hello, Granny Mist!" they all shouted together.

"Hello, my little clouds," she replied, laughing softly. "Today, I'm going to tell you a very special story, the story of the House of Clouds."

The children sat in a circle around her, eager to hear the tale.

"A long time ago," Granny Mist began, "before this house was here, there was nothing but hills and fields. One day, a little girl named Claire arrived in this village. She was different from all the other children because she had a secret: she could talk to clouds."

The children listened intently, fascinated by this revelation.

"Claire was often alone because the other children didn't understand her love for the sky. She spent hours lying in the grass, watching the clouds float above her, and she would talk to them. 'Hello, Cotton Cloud,' she would say. 'What are you doing today?' And the cloud would answer by changing shape, transforming into animals or mountains to entertain her."

Granny Mist paused to observe the children's amazed faces. Then she continued, "One day, while she was talking to a big gray cloud, Claire asked why it seemed so sad. The cloud explained that it had to go far away, beyond the mountains, and didn't know if it would return. Claire didn't want to lose her cloudy friend, so she made a proposal: 'Why don't we build a house together, here, where you could stay forever?' The cloud, touched by the idea, agreed."

"How did they build a house?" Sophie asked, intrigued.

Granny Mist smiled. "Claire began gathering everything she could find: branches for the walls, flowers for the windows, and even dew to make them sparkle. But the most important thing was what the cloud brought. It gently blew, filling the structure with mist and cotton until the house took shape. It was a house like no other, light as air and soft as a dream."

"Did the house really fly?" Leo asked, wide-eyed.

"Not exactly," Granny Mist replied, laughing. "But it seemed to float above the hill, wrapped in clouds. The other villagers were first surprised, then amazed. And little by little, they came to see the house, each bringing something to make it more beautiful. Flowers, precious stones, and even magic seeds that made climbing plants grow all the way up to the clouds."

"And Claire, was she happy?" Paul, always the dreamer, asked.

"Oh yes," said Granny Mist, nodding. "Claire had finally found a place where she felt at home, surrounded by her cloud friends. She lived there peacefully, and every evening, she would tell stories to the village children, stories that the clouds whispered in her ear."

The children were captivated. Jules, the smallest, raised his hand and asked, "And the house, is it still there?"

Granny Mist smiled mysteriously. "Who knows? Maybe that house is right here, in front of our eyes, but only those who believe in clouds can see it. Maybe even this house is the one we are sitting in right now."

The children looked around, suddenly finding Granny Mist's house even more magical.

"Granny Mist, could we talk to the clouds too?" Lucie asked.

"Of course, my little clouds," she replied, laughing. "You just need to believe, listen with your heart, and love the sky as much as Claire did."

That evening, on their way home, the children spent a long time looking at the clouds, hoping to hear their whispers. They knew that as long as they believed in the magic of clouds, they would always find a friend in the sky, ready to share its secrets with them.

And from that day on, the House of Clouds remained a place of mystery and dreams, a place where children's imaginations could soar as high as the clouds themselves.

Le Grand Voyage

Dans un petit coin de forêt, bien caché entre les grands arbres et les fougères, vivait une petite luciole nommée Lila. Lila était la plus jeune de sa famille, mais aussi la plus curieuse. Elle aimait explorer les moindres recoins de la forêt et poser des questions à tout ce qu'elle rencontrait. Cependant, malgré son enthousiasme pour l'aventure, Lila n'avait jamais quitté le clairière où elle vivait. La nuit, elle se perchait sur une feuille de chêne et regardait les étoiles avec un grand désir dans son cœur.

Un soir, alors que le ciel était clair et que les étoiles brillaient de mille feux, Lila entendit un murmure. C'était le Vieux Chêne, un arbre sage et ancien qui se trouvait au centre de la clairière. Il avait vu passer des générations de lucioles et connaissait les secrets de la forêt. « Que contemples-tu, petite luciole ? » demanda le Vieux Chêne d'une voix douce et grave.

« Je regarde les étoiles, » répondit Lila en clignant de ses petites lumières. « Elles sont si belles et si lointaines. J'aimerais tant savoir ce qu'il y a au-delà de notre forêt. »

Le Vieux Chêne sourit avec sagesse. « Les étoiles sont bien loin, ma petite, mais la forêt est pleine de merveilles que tu n'as pas encore découvertes. Si tu le souhaites vraiment, je peux te guider vers un grand voyage à travers les bois. »

Les yeux de Lila s'illuminèrent de joie et d'excitation. « Oh oui, je le veux ! Je veux voir tout ce que la forêt a à offrir ! »

Ainsi commença le grand voyage de la petite luciole.

Le lendemain soir, après que le soleil se soit couché, Lila s'envola avec enthousiasme. Le Vieux Chêne l'avait prévenue que ce voyage serait long et qu'elle rencontrerait de nombreux défis, mais cela ne faisait qu'amplifier son excitation. Sa première destination était la Rivière Argentée, un endroit où les lucioles n'osaient pas s'aventurer souvent.

En volant au-dessus des arbres, Lila aperçut bientôt la rivière, scintillant sous la lumière de la lune. Mais à mesure qu'elle s'approchait, elle sentit un souffle froid dans l'air. C'était la Brume Nocturne, une créature mystérieuse qui flottait près de l'eau et effrayait les petits insectes. Lila, bien que courageuse, ressentit un frisson de peur.

« Bonjour, petite luciole, » siffla la Brume Nocturne, sa voix flottant dans l'air comme un souffle de vent. « Que fais-tu si loin de chez toi ? »

« Je suis en voyage pour découvrir les merveilles de la forêt, » répondit Lila en tremblant légèrement, mais en essayant de rester polie. « La Rivière Argentée est l'une des premières étapes. »

La Brume Nocturne éclata de rire. « La Rivière Argentée ? Elle est belle, c'est vrai, mais elle est aussi dangereuse pour une petite luciole comme toi. Tu pourrais te perdre dans mes brumes et ne jamais retrouver ton chemin. »

Lila, malgré sa peur, se rappela les paroles du Vieux Chêne. « La forêt est pleine de merveilles, mais aussi de défis, » se dit-elle. Prenant son courage à deux mains, elle répondit avec détermination : « Je ne me laisserai pas effrayer. Je trouverai mon chemin, même si je dois traverser la brume. »

La Brume Nocturne sembla surprise par la bravoure de Lila. « Très bien, » dit-elle. « Si tu es si déterminée, je te laisserai passer, mais fais attention. La rivière est trompeuse, et ses eaux cachent des secrets. »

Lila remercia la Brume Nocturne et continua son chemin, volant doucement au-dessus des eaux de la rivière. Les reflets argentés dansaient sous elle, et elle ressentit une grande fierté d'avoir surmonté sa première épreuve.

Plus loin, elle rencontra un groupe de lucioles plus âgées qui vivaient près d'un vieux pont. Elles lui racontèrent des histoires de leurs propres voyages et l'avertirent des dangers du Bois Sombre, une partie de la forêt où la lumière des lucioles était souvent absorbée par les arbres épais. Mais Lila, toujours curieuse, décida de s'aventurer plus loin.

Le Bois Sombre était en effet un endroit effrayant. Les arbres étaient si denses que presque aucune lumière ne perçait à travers les feuilles. Lila sentit son propre éclat faiblir à mesure qu'elle avançait. Pourtant, elle refusait de rebrousser chemin.

Alors qu'elle volait dans l'obscurité, elle entendit un bruit doux et mélodieux. C'était une chanson, une mélodie triste mais belle. Lila suivit la musique, curieuse de découvrir qui pouvait chanter au cœur de cette forêt sombre.

Elle trouva finalement l'origine de la chanson : une vieille luciole aux ailes fatiguées, assise sur une branche basse. « Bonjour, » dit Lila doucement pour ne pas l'effrayer. « C'est toi qui chantes ? »

La vieille luciole leva les yeux vers elle et sourit tristement. « Oui, c'est moi. Je chante pour me rappeler les jours où je pouvais encore voler librement, avant que le Bois Sombre ne me prenne ma lumière. »

« Pourquoi ne t'envoles-tu pas d'ici ? » demanda Lila, inquiète.

« La lumière des lucioles s'éteint ici si elles restent trop longtemps, » répondit-elle. « Mais je suis trop fatiguée pour partir. Je suis ici depuis si longtemps que je ne sais plus quel chemin prendre. »

Lila réfléchit un moment. Puis, déterminée à aider, elle dit : « Je vais t'accompagner jusqu'à la lisière du bois. Ensemble, nous trouverons la sortie. »

La vieille luciole hocha la tête, émue par la gentillesse de Lila. Ensemble, elles commencèrent à avancer lentement à travers le Bois Sombre. Lila volait près de la vieille luciole, éclairant leur chemin de sa faible lumière.

Après ce qui sembla une éternité, les arbres commencèrent enfin à s'éclaircir, laissant filtrer les premiers rayons de la lune. Lila se tourna vers la vieille luciole et vit que son éclat revenait doucement. Elles étaient presque sorties du Bois Sombre.

« Merci, petite luciole, » dit la vieille luciole avec gratitude. « Grâce à toi, j'ai retrouvé ma lumière et l'espoir de revoir le monde extérieur. »

« Je suis contente d'avoir pu t'aider, » répondit Lila, souriant avec chaleur. « Nous devrions toujours nous entraider. »

Après avoir quitté le Bois Sombre, les deux lucioles se séparèrent en bons termes. Lila se sentit plus forte et plus confiante que jamais. Elle avait non seulement surmonté des obstacles, mais aussi aidé quelqu'un en chemin.

Son voyage se poursuivit, et elle découvrit encore de nombreux secrets de la forêt. Elle rencontra une araignée géante qui tissait des toiles d'argent, un hibou sage qui connaissait toutes les étoiles par leur nom, et même un renard rusé qui lui enseigna l'art de la patience.

Enfin, après plusieurs nuits de voyage, Lila revint à sa clairière d'origine. Ses amis lucioles l'accueillirent avec joie, curieux d'entendre toutes ses histoires.

« Alors, Lila, as-tu trouvé ce que tu cherchais ? » demanda l'une d'elles.

« J'ai trouvé bien plus que ce que je cherchais, » répondit Lila avec un sourire rayonnant. « J'ai découvert que le monde est grand et plein de merveilles, mais aussi que le plus important est d'être courageux, de ne jamais abandonner, et de toujours aider ceux que l'on rencontre sur son chemin. »

Le Vieux Chêne, qui avait observé tout son voyage, murmura doucement : « Je savais que tu reviendrais changée, petite luciole. Maintenant, tu as la lumière non seulement dans ton corps, mais aussi dans ton cœur. »

Lila hocha la tête avec reconnaissance. Elle savait que son aventure n'était que le début de nombreuses autres à venir. Et chaque fois qu'elle regardait les étoiles, elle se rappelait qu'il y avait toujours quelque chose de nouveau à découvrir, quelque part, dans le vaste monde qui l'entourait.

Et c'est ainsi que la petite luciole devint une grande voyageuse, explorant toujours plus loin, mais revenant toujours à la maison avec de nouvelles histoires à raconter et des lumières plus brillantes dans son cœur.

The Great Journey

In a small corner of the forest, well hidden among the tall trees and ferns, lived a little firefly named Lila. Lila was the youngest of her family, but also the most curious. She loved exploring every nook and cranny of the forest and asking questions to everything she encountered. However, despite her enthusiasm for adventure, Lila had never left the clearing where she lived. At night, she perched on an oak leaf and gazed at the stars with a great longing in her heart.

One evening, as the sky was clear and the stars were shining brightly, Lila heard a whisper. It was the Old Oak, a wise and ancient tree that stood in the center of the clearing. He had seen generations of fireflies and knew the secrets of the forest. "What are you contemplating, little firefly?" asked the Old Oak in a gentle, grave voice.

"I'm looking at the stars," replied Lila, blinking her tiny lights. "They are so beautiful and so far away. I would love to know what lies beyond our forest."

The Old Oak smiled wisely. "The stars are very far, my little one, but the forest is full of wonders you have not yet discovered. If you truly wish, I can guide you on a grand journey through the woods."

Lila's eyes sparkled with joy and excitement. "Oh yes, I want to! I want to see everything the forest has to offer!"

And so began the great journey of the little firefly.

The next evening, after the sun had set, Lila set off with enthusiasm. The Old Oak had warned her that the journey would be long and that she would face many challenges, but this only heightened her excitement. Her first destination was the Silver River, a place where fireflies seldom ventured.

Flying above the trees, Lila soon saw the river, shimmering under the moonlight. But as she got closer, she felt a cold breath in the air. It was the Night Mist, a mysterious creature that floated near the water and frightened small insects. Lila, though brave, felt a shiver of fear.

"Hello, little firefly," hissed the Night Mist, its voice floating in the air like a whispering wind. "What are you doing so far from home?"

"I'm on a journey to discover the wonders of the forest," Lila replied, trembling slightly but trying to remain polite. "The Silver River is one of my first stops."

The Night Mist laughed. "The Silver River? It is beautiful, indeed, but it is also dangerous for a small firefly like you. You might get lost in my mists and never find your way back."

Lila, despite her fear, remembered the Old Oak's words. "The forest is full of wonders but also challenges," she told herself. Gathering her courage, she replied with determination, "I will not be scared. I will find my way, even if I must pass through the mist."

The Night Mist seemed surprised by Lila's bravery. "Very well," it said. "If you are so determined, I will let you pass, but be careful. The river is deceptive, and its waters hide secrets."

Lila thanked the Night Mist and continued on her path, flying gently over the river's waters. The silver reflections danced beneath her, and she felt a great pride in having overcome her first challenge.

Further along, she encountered a group of older fireflies living near an old bridge. They shared stories of their own travels and warned her of the dangers of the Dark Wood, a part of the forest where fireflies' light was often absorbed by the thick trees. But Lila, ever curious, decided to venture further.

The Dark Wood was indeed a frightening place. The trees were so dense that almost no light filtered through the leaves. Lila felt her own glow fading as she moved forward. Yet, she refused to turn back.

As she flew through the darkness, she heard a soft, melodious sound. It was a song, a sad but beautiful melody. Lila followed the music, curious to discover who could be singing in the heart of this dark forest.

She finally found the source of the song: an old firefly with tired wings, sitting on a low branch. "Hello," Lila said softly so as not to frighten her. "Are you the one singing?"

The old firefly looked up at her and smiled sadly. "Yes, it's me. I sing to remember the days when I could still fly freely, before the Dark Wood took my light."

"Why don't you leave?" asked Lila, concerned.

"The light of fireflies fades here if they stay too long," she replied. "But I am too tired to leave. I have been here so long that I no longer know which way to take."

Lila thought for a moment. Then, determined to help, she said, "I will accompany you to the edge of the wood. Together, we will find the way out."

The old firefly nodded, moved by Lila's kindness. Together, they began to move slowly through the Dark Wood. Lila flew close to the old firefly, lighting their path with her faint glow.

After what seemed like an eternity, the trees began to thin out, allowing the first rays of the moon to filter through. Lila turned to the old firefly and saw that her glow was slowly returning. They were almost out of the Dark Wood.

"Thank you, little firefly," said the old firefly gratefully. "Thanks to you, I have regained my light and the hope of seeing the outside world again."

"I'm glad I could help," Lila replied with a warm smile. "We should always help each other."

After leaving the Dark Wood, the two fireflies parted on good terms. Lila felt stronger and more confident than ever. She had not only overcome obstacles but also helped someone along the way.

Her journey continued, and she discovered many more secrets of the forest. She met a giant spider who wove silver webs, a wise owl who knew all the stars by name, and even a clever fox who taught her the art of patience.

Finally, after several nights of travel, Lila returned to her original clearing. Her firefly friends welcomed her joyfully, eager to hear all her stories.

"So, Lila, did you find what you were looking for?" asked one of them.

"I found much more than I was looking for," Lila replied with a radiant smile. "I discovered that the world is vast and full of wonders, but also that the most important things are to be brave, never give up, and always help those we meet along the way."

The Old Oak, who had been watching her journey all along, murmured softly, "I knew you would return changed, little firefly. Now you have light not only in your body but also in your heart."

Lila nodded with gratitude. She knew that her adventure was just the beginning of many more to come. And every time she looked at the stars, she remembered that there was always something new to discover somewhere in the vast world around her.

And so the little firefly became a great traveler, always exploring further but always returning home with new stories to tell and brighter lights in her heart.

La Magie du Miroir Mouvant

Dans une vallée lointaine, entourée de collines verdoyantes et de ruisseaux murmurants, se trouvait un petit village nommé Belle Éclat. Les maisons y étaient colorées et les jardins fleuris, et tous les villageois y vivaient en harmonie. Mais au bout du village, cachée sous une grande vieille vigne, se trouvait une maison encore plus spéciale que les autres. C'était la maison de Monsieur Bricoleur, un vieil inventeur connu pour ses créations étranges et merveilleuses.

Monsieur Bricoleur était un homme à la barbe touffue et aux lunettes toujours en décalage. Dans son atelier encombré de pièces de métal, de rouages et de vis, il passait ses journées à bricoler de nouveaux appareils. Son invention la plus récente était un miroir mystérieux qu'il appelait le "Miroir Mouvant". Ce miroir avait le pouvoir de montrer des endroits et des choses qui n'existaient pas vraiment, du moins pas dans le monde ordinaire.

Un matin, alors que les premiers rayons du soleil éclairaient les maisons du village, un groupe de trois amis – Alice, Léon et Hugo – se promenait dans le village en discutant de leurs dernières aventures. Alice était une petite fille curieuse aux cheveux bouclés, Léon était un garçon aux yeux pétillants de malice, et Hugo était le plus grand, toujours prêt à aider et à protéger ses amis.

« Vous savez, j'ai entendu dire que Monsieur Bricoleur a encore fabriqué quelque chose de nouveau dans son atelier ! » s'exclama Alice en regardant ses amis avec excitation.

« Oh, pas encore un de ses gadgets bizarres ! » grogna Léon en levant les yeux au ciel. « La dernière fois, il nous a montré une machine à fabriquer des éclairs de pluie ! »

« Ne soyez pas si sceptique, » répondit Hugo avec un sourire. « Peut-être que ce miroir a quelque chose de spécial. Allons voir ! »

Les trois amis se dirigèrent vers la maison de Monsieur Bricoleur. Ils étaient curieux mais aussi un peu nerveux, car les inventions du vieil homme étaient parfois imprévisibles. En arrivant devant la maison, ils virent Monsieur Bricoleur en train de régler les derniers détails de son miroir.

« Bonjour, Monsieur Bricoleur ! » appelèrent-ils en chœur.

Monsieur Bricoleur se retourna et sourit en les voyant. « Bonjour, mes jeunes aventuriers ! Vous venez voir mon dernier chef-d'œuvre, le Miroir Mouvant ? »

« Oui, nous sommes très curieux, » dit Alice, les yeux brillants d'anticipation.

« Très bien, venez ici ! » dit Monsieur Bricoleur en les invitant à entrer dans son atelier. « Laissez-moi vous expliquer comment il fonctionne. »

Le miroir était grand et recouvert d'un cadre doré orné de motifs compliqués. Lorsqu'on se tenait devant, il semblait ordinaire à première vue, mais Monsieur Bricoleur expliqua que le miroir pouvait se déplacer dans le temps et l'espace, montrant des endroits fantastiques ou des événements passés et futurs.

« Comment ça marche ? » demanda Léon, l'air sceptique mais intrigué.

Monsieur Bricoleur sourit mystérieusement. « C'est simple, en théorie. Vous formulez une question ou une demande, et le miroir vous montre la réponse sous la forme d'une image. Mais attention, les choses ne sont pas toujours ce qu'elles semblent. Il faut faire preuve de prudence et d'ouverture d'esprit. »

Alice, Léon et Hugo étaient fascinés. Monsieur Bricoleur invita les enfants à essayer le miroir. Chacun tour à tour, ils se tinrent devant le miroir et formulèrent leurs souhaits.

« Montre-moi un trésor caché ! » demanda Alice, excitée.

Le miroir commença à briller d'une lumière dorée, et une image apparut : un coffre ancien enterré sous un grand chêne dans la forêt. Alice poussa un cri de joie. « Regardez ! Il y a un véritable trésor dans la forêt ! »

« Je ne suis pas sûr que ce soit vrai, » murmura Léon, un peu sceptique. « Et si c'était juste une illusion ? »

Hugo, toujours prêt à aider, proposa : « Pourquoi ne pas aller vérifier ? Nous pourrions découvrir quelque chose de vraiment intéressant. »

Les amis décidèrent donc de se lancer dans une nouvelle aventure. Munis de la description du chêne de l'image du miroir, ils se dirigèrent vers la forêt.

La forêt était magnifique, avec ses arbres majestueux et ses ruisseaux scintillants. Les amis suivaient les indications du miroir, cherchant le grand chêne. Après avoir marché pendant un certain temps, ils finirent par trouver un arbre immense aux branches noueuses.

« C'est lui ! » s'exclama Alice, pointant le chêne du doigt.

Ils commencèrent à creuser autour du tronc avec des bâtons et leurs mains, impatients de découvrir ce que cachait le coffre. Après plusieurs minutes d'effort, ils entendirent un bruit métallique et découvrirent un vieux coffre recouvert de mousse.

« Nous l'avons trouvé ! » cria Léon, les yeux écarquillés.

Avec beaucoup de précautions, ils ouvrirent le coffre et découvrirent à l'intérieur un assortiment de pièces anciennes, de bijoux étincelants et de vieilles cartes. Mais au lieu d'un trésor fabuleux, ils trouvèrent une note enroulée dans le coffre. Alice déroula la note et la lut à haute voix :

« Félicitations pour avoir trouvé ce coffre. Il ne contient pas de trésor matériel, mais un souvenir précieux : les trésors les plus précieux ne sont pas toujours faits d'or et de bijoux, mais de moments partagés avec ceux que l'on aime. »

Les amis se regardèrent, un peu déçus mais touchés par la sagesse de la note. « Peut-être que Monsieur Bricoleur voulait nous enseigner quelque chose, » dit Hugo, réfléchissant.

« Oui, peut-être que le vrai trésor est notre amitié et les aventures que nous partageons, » ajouta Alice avec un sourire.

Les amis retournèrent au village, heureux de leur aventure. En arrivant devant la maison de Monsieur Bricoleur, ils trouvèrent le vieil inventeur en train de travailler sur une nouvelle machine.

« Alors, avez-vous trouvé le trésor ? » demanda-t-il en les voyant.

« Oui, mais pas ce à quoi nous nous attendions, » répondit Léon. « Nous avons découvert que les trésors les plus précieux ne sont pas toujours ceux que l'on cherche. C'est la joie de l'aventure et les moments partagés qui comptent vraiment. »

Monsieur Bricoleur sourit largement. « Vous avez compris la vraie magie du miroir. Ce n'est pas le miroir qui est magique, mais la façon dont nous voyons le monde et les trésors qu'il nous offre. »

Les enfants remercièrent Monsieur Bricoleur pour cette leçon précieuse et prirent congé. Alors qu'ils marchaient ensemble vers le coucher du soleil, ils se sentaient plus proches que jamais.

Et ainsi, la magie du Miroir Mouvant ne résidait pas dans les trésors qu'il révélait, mais dans les leçons qu'il enseignait : que les plus grands trésors sont souvent ceux que nous découvrons en nous-mêmes et à travers les expériences que nous partageons avec ceux que nous aimons.

The Magic of the Moving Mirror

In a distant valley, surrounded by green hills and murmuring streams, was a small village named Belle Éclat. The houses were colorful, the gardens were full of flowers, and all the villagers lived in harmony. But at the end of the village, hidden under a large old vine, stood an even more special house. It was the home of Monsieur Bricoleur, an old inventor known for his strange and wonderful creations.

Monsieur Bricoleur was a man with a bushy beard and glasses always askew. In his cluttered workshop, filled with metal parts, gears, and screws, he spent his days tinkering with new devices. His most recent invention was a mysterious mirror he called the "Moving Mirror". This mirror had the power to show places and things that didn't really exist, at least not in the ordinary world.

One morning, as the first rays of the sun bathed the village houses in light, a group of three friends—Alice, Léon, and Hugo—were walking through the village discussing their latest adventures. Alice was a curious little girl with curly hair, Léon was a boy with mischievous eyes, and Hugo was the tallest, always ready to help and protect his friends.

"You know, I heard that Monsieur Bricoleur has made something new in his workshop!" Alice exclaimed, looking at her friends with excitement.

"Oh, not another one of his bizarre gadgets!" groaned Léon, rolling his eyes. "Last time, he showed us a machine that made rainbows!"

"Don't be so skeptical," replied Hugo with a smile. "Maybe this mirror has something special. Let's go see!"

The three friends headed towards Monsieur Bricoleur's house. They were curious but also a bit nervous, as the old man's inventions were sometimes unpredictable. Arriving at the house, they saw Monsieur Bricoleur adjusting the final details of his mirror.

"Hello, Monsieur Bricoleur!" they called out in unison.

Monsieur Bricoleur turned around and smiled upon seeing them. "Hello, my young adventurers! You've come to see my latest masterpiece, the Moving Mirror?"

"Yes, we're very curious," said Alice, her eyes shining with anticipation.

"Very well, come here!" said Monsieur Bricoleur, inviting them into his workshop. "Let me explain how it works."

The mirror was large and covered with a golden frame adorned with intricate patterns. When you stood in front of it, it seemed ordinary at first glance, but Monsieur Bricoleur explained that the mirror could move through time and space, showing fantastic places or past and future events.

"How does it work?" asked Léon, looking skeptical but intrigued.

Monsieur Bricoleur smiled mysteriously. "It's simple in theory. You pose a question or request, and the mirror shows you the answer in the form of an image. But be careful, things are not always what they seem. One must be cautious and open-minded."

Alice, Léon, and Hugo were fascinated. Monsieur Bricoleur invited them to try the mirror. Each in turn stood before the mirror and made their wishes.

"Show me a hidden treasure!" asked Alice, excited.

The mirror began to glow with a golden light, and an image appeared: an old chest buried under a large oak tree in the forest. Alice let out a cry of joy. "Look! There's a real treasure in the forest!"

"I'm not sure it's real," murmured Léon, a bit skeptical. "What if it's just an illusion?"

Hugo, always ready to help, suggested, "Why not go check? We might discover something really interesting."

The friends decided to embark on a new adventure. Armed with the description of the oak from the mirror's image, they headed towards the forest.

The forest was beautiful, with its majestic trees and sparkling streams. The friends followed the mirror's directions, searching for the great oak. After walking for a while, they finally found a huge tree with gnarled branches.

"This is it!" exclaimed Alice, pointing to the oak.

They began to dig around the trunk with sticks and their hands, eager to uncover what the chest contained. After several minutes of effort, they heard a metallic noise and discovered an old chest covered in moss.

"We found it!" cried Léon, his eyes wide.

With great care, they opened the chest and found inside an assortment of old coins, sparkling jewels, and old maps. But instead of a fabulous treasure, they found a rolled-up note inside the chest. Alice unrolled the note and read aloud:

"Congratulations on finding this chest. It does not contain material wealth but a precious memory: the greatest treasures are not always made of gold and jewels but of moments shared with those we love."

The friends looked at each other, a bit disappointed but touched by the wisdom of the note. "Maybe Monsieur Bricoleur wanted to teach us something," Hugo said, reflecting.

"Yes, maybe the real treasure is our friendship and the adventures we share," added Alice with a smile.

The friends returned to the village, happy with their adventure. Upon arriving in front of Monsieur Bricoleur's house, they found the old inventor working on a new machine.

"So, did you find the treasure?" he asked upon seeing them.

"Yes, but not what we expected," replied Léon. "We discovered that the most valuable treasures are not always those we seek. It's the joy of adventure and the moments shared that truly matter."

Monsieur Bricoleur smiled broadly. "You've understood the true magic of the mirror. It's not the mirror that is magical, but the way we see the world and the treasures it offers us."

The children thanked Monsieur Bricoleur for this valuable lesson and took their leave. As they walked together towards the setting sun, they felt closer than ever.

And so, the magic of the Moving Mirror did not lie in the treasures it revealed but in the lessons it taught: that the greatest treasures are often those we discover within ourselves and through the experiences we share with those we love.

Le Mouton Magique

Il était une fois, dans un petit village tranquille au pied des montagnes, trois amis très spéciaux : Arthur le hérisson, Bérénice la grenouille, et Claude le lapin. Ils vivaient ensemble dans une grande maison au toit en chaume, entourée de jardins verdoyants et de champs fleuris. Chacun avait ses propres talents : Arthur était un bricoleur habile, Bérénice était une chanteuse talentueuse, et Claude était un conteur fascinant.

Un matin ensoleillé, alors que les oiseaux chantaient joyeusement dans les arbres, les trois amis se retrouvaient autour de la table pour le petit-déjeuner. Bérénice croquait dans une tartine de miel, Arthur buvait son thé, et Claude feuilletait un vieux livre de contes.

« Vous savez ce que je viens de lire ? » demanda Claude avec enthousiasme. « Il y a une légende ancienne qui parle d'un mouton magique. On dit que ce mouton a le pouvoir de réaliser les souhaits de ceux qui le trouvent. »

Les yeux de Bérénice brillèrent. « Oh, quel merveilleux conte ! Imaginez si nous pouvions le trouver et demander un souhait ! »

Arthur, toujours pratique, hocha la tête. « Mais où commencerions-nous ? La légende ne précise pas où se trouve ce mouton. »

Claude sourit. « Le livre dit que le mouton vit au sommet de la Montagne Étoilée, mais seuls les plus courageux et les plus déterminés peuvent le trouver. »

Bérénice se leva d'un bond. « Nous devrions partir à la recherche de ce mouton magique ! Cela pourrait être notre plus grande aventure ! »

Arthur et Claude échangèrent un regard. « Très bien, » dit Arthur avec un sourire. « Préparons nos sacs et partons à l'aventure ! »

Les amis se mirent donc à préparer leurs affaires. Ils prenaient des provisions, des cartes, et des objets utiles pour le voyage. Bérénice prit son petit panier de provisions, Arthur emballa des outils divers, et Claude choisit quelques livres de contes pour passer le temps en chemin.

Leur aventure débuta lorsque le soleil était encore haut dans le ciel. Ils se mirent en route vers la Montagne Étoilée, traversant champs et vallées. La montagne semblait très lointaine, et le chemin était parsemé d'obstacles. Mais les amis étaient déterminés et enthousiastes.

La première partie de leur voyage les mena à travers une forêt dense. Les arbres étaient si hauts que la lumière du soleil peinait à traverser les branches. En avançant prudemment, ils entendirent un bruit étrange. C'était un petit écureuil en détresse, coincé dans une branche.

« Oh non, il faut l'aider ! » s'exclama Bérénice.

Arthur se pencha et, avec soin, dégagea l'écureuil de la branche. Le petit animal leur adressa un grand sourire reconnaissant. « Merci beaucoup ! Je ne sais pas ce que j'aurais fait sans vous ! »

« C'est ce que les amis font, » répondit Arthur en souriant. « Maintenant, nous devons continuer notre route. »

Le petit écureuil leur souhaita bonne chance et les amis poursuivirent leur chemin. Ils continuèrent leur voyage à travers la forêt, découvrant des fleurs magnifiques et des sentiers sinueux.

Après plusieurs heures de marche, ils arrivèrent à une rivière rapide avec des pierres glissantes. Ils devaient trouver un moyen de traverser. Claude suggéra de construire un pont avec les branches qu'ils trouvaient. Arthur, avec son habileté, construisit un pont rudimentaire mais solide, et les amis passèrent de l'autre côté sans problème.

Le soleil commençait à se coucher, et ils décidèrent de camper pour la nuit. Ils dressèrent une petite tente et firent un feu de camp. Bérénice chanta des chansons douces tandis qu'Arthur préparait un repas simple mais savoureux. Claude raconta des histoires fascinantes sur les créatures magiques de la forêt.

Le lendemain matin, après une bonne nuit de repos, ils poursuivirent leur route. La montagne était maintenant plus proche, et l'air était devenu plus frais. Ils escaladèrent les pentes raides et se frayèrent un chemin à travers des rochers et des buissons épineux.

À mesure qu'ils s'approchaient du sommet, le paysage devenait de plus en plus spectaculaire. Ils virent des champs de fleurs aux couleurs éclatantes et des cascades scintillantes. Les amis étaient émerveillés par la beauté de la nature qui les entourait.

Enfin, après une longue journée de marche, ils arrivèrent à une clairière en haut de la montagne. Là, au milieu de la clairière, se trouvait un grand mouton aux poils étincelants. Le mouton était d'un blanc éclatant et brillait sous la lumière du coucher de soleil.

« C'est lui ! » s'écria Bérénice, les yeux écarquillés.

Le mouton se tourna vers eux avec un regard sage. « Bienvenue, voyageurs. Je suis le mouton magique que vous cherchez. »

Arthur, Bérénice, et Claude s'inclinèrent respectueusement. « Nous avons fait ce voyage pour vous trouver, » dit Arthur. « Nous aimerions faire un vœu. »

Le mouton magique regarda chacun d'eux avec bienveillance. « Faites vos souhaits, mais souvenez-vous que les vrais trésors ne sont pas toujours ceux que l'on espère. Parfois, ce que l'on découvre en cours de route est bien plus précieux. »

Les trois amis se concertèrent et formulèrent leur souhait. Ils souhaitaient que leur village soit toujours heureux et prospère, et que leurs amis et familles soient en sécurité et en bonne santé.

Le mouton magique sourit. « Votre souhait est généreux. Il sera exaucé. Mais n'oubliez pas, la magie que vous cherchez se trouve souvent dans les actions que vous entreprenez et les liens que vous tissez. »

Avec ces mots, le mouton magique disparut dans un éclat de lumière, laissant derrière lui un sentiment de paix et de bonheur. Les amis se regardèrent, émus par l'expérience qu'ils venaient de vivre.

Ils commencèrent leur descente de la montagne, laissant derrière eux la magie du mouton. Leur voyage de retour fut aussi rempli de merveilles que leur voyage aller. Ils croisèrent des paysages magnifiques et rencontrèrent des animaux amicaux qui les aidèrent sur leur chemin.

À leur arrivée au village, ils furent accueillis avec des cris de joie. Les villageois avaient remarqué que le village était plus florissant et prospère que jamais. Tout le monde était en bonne santé et heureux. Les amis racontèrent leur aventure et expliquèrent comment le mouton magique leur avait appris que la vraie magie réside dans les actions bienveillantes et les relations sincères.

Le village célébra leur retour avec une grande fête. Les enfants dansaient, les adultes chantaient, et tout le monde partageait des mets délicieux. Arthur, Bérénice, et Claude étaient les héros de la journée, et ils se sentirent remplis de joie et de satisfaction.

« Vous savez, » dit Claude en regardant ses amis, « notre aventure a été incroyable, mais ce qui compte le plus, c'est ce que nous avons appris en cours de route. »

« Oui, » ajouta Bérénice. « La véritable magie réside dans les moments que nous partageons avec ceux que nous aimons. »

Arthur hocha la tête avec un sourire. « Et dans les actions que nous prenons pour rendre le monde meilleur. »

Et ainsi, les trois amis continuèrent à vivre leurs vies avec la sagesse acquise de leur aventure. Ils savaient que les véritables trésors étaient les liens qu'ils avaient tissés et les actes de bonté qu'ils avaient accomplis. Et chaque fois qu'ils se souvenaient de leur voyage, ils se rappelaient que la magie était partout, dans les choses simples et les moments partagés.

The Magic Sheep

Once upon a time, in a quiet village at the foot of the mountains, lived three very special friends: Arthur the hedgehog, Bérénice the frog, and Claude the rabbit. They lived together in a large thatched-roof house, surrounded by lush gardens and blooming fields. Each had their own talents: Arthur was a skilled handyman, Bérénice was a talented singer, and Claude was a captivating storyteller.

One sunny morning, as the birds sang cheerfully in the trees, the three friends gathered around the table for breakfast. Bérénice was nibbling on a honeyed toast, Arthur was sipping his tea, and Claude was leafing through an old book of tales.

"You know what I just read?" Claude asked excitedly. "There's an ancient legend about a magic sheep. It's said that this sheep has the power to grant wishes to those who find it."

Bérénice's eyes sparkled. "Oh, what a wonderful story! Imagine if we could find it and make a wish!"

Arthur, always practical, nodded. "But where do we start? The legend doesn't say where the sheep is."

Claude smiled. "The book says the sheep lives at the top of the Starry Mountain, but only the bravest and most determined can find it."

Bérénice jumped up. "We should go search for this magic sheep

! It could be our greatest adventure!"

Arthur and Claude exchanged a look. "Alright," said Arthur with a smile. "Let's pack our bags and set off on our adventure!"

So the friends began preparing their things. They packed provisions, maps, and useful items for the journey. Bérénice packed her little basket of supplies, Arthur gathered various tools, and Claude chose some storybooks to pass the time on the way.

Their adventure began when the sun was still high in the sky. They set off towards Starry Mountain, crossing fields and valleys. The mountain seemed very far away, and the path was strewn with obstacles. But the friends were determined and enthusiastic.

The first part of their journey took them through a dense forest. The trees were so tall that sunlight struggled to penetrate the branches. As they moved cautiously, they heard a strange noise. It was a little squirrel in distress, caught in a branch.

"Oh no, we need to help!" exclaimed Bérénice.

Arthur bent down and carefully freed the squirrel from the branch. The little animal gave them a big grateful smile. "Thank you so much! I don't know what I would have done without you!"

"That's what friends do," replied Arthur with a smile. "Now we need to continue our journey."

The little squirrel wished them good luck, and the friends continued on their way. They trekked through the forest, discovering beautiful flowers and winding paths.

After several hours of walking, they came to a fast-moving river with slippery stones. They needed to find a way to cross. Claude suggested building a bridge with the branches they found. Arthur, with his skill, constructed a rudimentary but sturdy bridge, and the friends crossed safely.

The sun began to set, and they decided to camp for the night. They set up a small tent and made a campfire. Bérénice sang soft songs while Arthur prepared a simple but tasty meal. Claude told fascinating stories about the magical creatures of the forest.

The next morning, after a good night's rest, they continued their journey. The mountain was now closer, and the air had grown cooler. They climbed the steep slopes and made their way through rocks and thorny bushes.

As they neared the summit, the landscape became more spectacular. They saw fields of brightly colored flowers and sparkling waterfalls. The friends were amazed by the beauty of the nature around them.

Finally, after a long day of walking, they reached a clearing at the top of the mountain. There, in the middle of the clearing, stood a large sheep with shimmering fur. The sheep was a brilliant white and sparkled in the setting sun.

"It's him!" exclaimed Bérénice, her eyes wide.

The magic sheep turned towards them with a wise gaze. "Welcome, travelers. I am the magic sheep you seek."

Arthur, Bérénice, and Claude bowed respectfully. "We undertook this journey to find you," said Arthur. "We would like to make a wish."

The magic sheep looked at each of them with kindness. "Make your wishes, but remember that true treasures are not always what you expect. Sometimes, what you discover along the way is far more precious."

The three friends conferred and made their wish. They wished for their village to always be happy and prosperous, and for their friends and families to be safe and healthy.

The magic sheep smiled. "Your wish is generous. It will be granted. But remember, the magic you seek often lies in the actions you take and the bonds you form."

With these words, the magic sheep vanished in a burst of light, leaving behind a sense of peace and happiness. The friends looked at each other, moved by the experience they had just had.

They began their descent from the mountain, leaving behind the magic of the sheep. Their return journey was as full of wonders as their outward journey. They encountered beautiful landscapes and friendly animals that helped them along the way.

When they arrived back in the village, they were greeted with cheers of joy. The villagers had noticed that the village was more flourishing and prosperous than ever. Everyone was healthy and happy. The friends shared their adventure and explained how the magic sheep had taught them that true magic resides in kind actions and sincere relationships.

The village celebrated their return with a great feast. Children danced, adults sang, and everyone shared delicious food. Arthur, Bérénice, and Claude were the heroes of the day, and they felt filled with joy and satisfaction.

"You know," said Claude, looking at his friends, "our adventure was incredible, but what matters most is what we learned along the way."

"Yes," added Bérénice. "True magic resides in the moments we share with those we love."

Arthur nodded with a smile. "And in the actions we take to make the world a better place."

And so, the three friends continued to live their lives with the wisdom gained from their adventure. They knew that true treasures were the bonds they had formed and the acts of kindness they had performed. And each time they remembered their journey, they knew that magic was everywhere, in simple things and shared moments.